Randy Joy Ventayen

Conceção, desenvolvimento e administração de sítios Web

Randy Joy Ventayen

Conceção, desenvolvimento e administração de sítios Web

Um Guia Prático para o Desenvolvimento Web e um Estudo de Caso de uma Universidade Estatal da ASEAN

ScienciaScripts

Imprint

Cover image: www.ingimage.com

This book is a translation from the original published under ISBN 978-620-2-02707-6.

Publisher:
Sciencia Scripts
is a trademark of
Dodo Books Indian Ocean Ltd. and OmniScriptum S.R.L publishing group

120 High Road, East Finchley, London, N2 9ED, United Kingdom
Str. Armeneasca 28/1, office 1, Chisinau MD-2012, Republic of Moldova, Europe
Printed at: see last page
ISBN: 978-620-8-05568-4

Ao meu Pai, ao meu Deus e ao

meu maior amigo, Jeová.

À minha ex-namorada Caren, que

sempre cuidou do meu filho Cody.

À minha família e amigos que

me apoiaram e apoiam em tudo o que faço.

A família da Universidade Estatal de Pangasinan

Obrigado

Prefácio

Este livro está dividido em duas partes: a primeira é o processo de desenvolvimento da Web. A segunda parte aborda o desenvolvimento do sítio Web da Universidade Estatal de Pangasinan e a classificação do sítio Web após o aumento do seu conteúdo.

Conteúdo

Capítulo 1

Processo de desenvolvimento de sítios Web

Se é novo no processo de desenvolvimento Web, pode haver um momento em que não sabe por onde começar. Neste capítulo, discutimos a forma prática de começar um sítio Web a partir do zero.

Requisitos obrigatórios

Para construir o seu sítio Web online é necessário um conhecimento intermédio da World Wide Web. Existem apenas 3 requisitos básicos para o desenvolvimento web, o domínio, o alojamento e o conteúdo e está tudo pronto!

Domínio

O domínio é como a sua casa online, será o seu endereço na world wide web (ex: suaempresa.com). A maior parte dos domínios de topo (TLD) como .com, .net e .org estão à venda, mas se está a começar não precisa de um TLD, pode considerar adquirir um subdomínio que é gratuito em diferentes fornecedores de blogues como o Blogspot e o Wordpress.

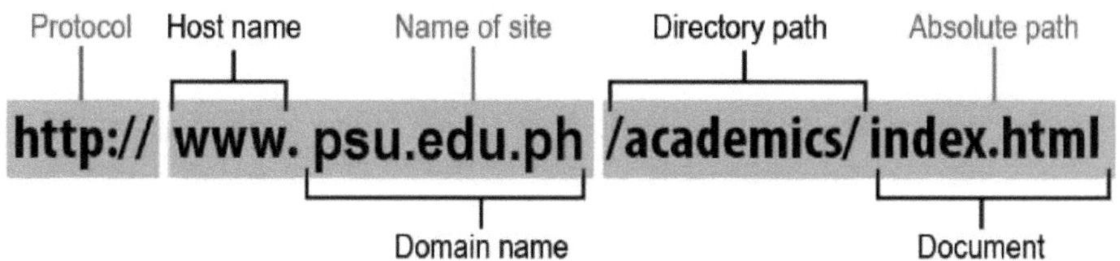

Partes do domínio

Tenha em atenção que nem todos os nomes de domínio estão à venda ou abertos ao público. No caso de .edu.ph, o nome de domínio está disponível apenas para instituições académicas das Filipinas e pode ser registado mediante um processo de verificação. Outro domínio que não está à venda, embora seja amplamente utilizado pela agência governamental nas Filipinas, é .gov.ph, cujo registo é gerido pelo Departamento de Ciência e Tecnologia.

Subdomínio para principiantes. Existem vários fornecedores que podem satisfazer as suas necessidades na construção de uma presença online. O Wordpress.com é um dos principais serviços de alojamento de blogues que oferece subdomínios gratuitos. Há várias agências governamentais que utilizam subdomínios como forma de fornecer informações aos clientes. Nas Filipinas, a Unidade de Transição do CHED kto12 utiliza o domínio chedk12.wordpress.com. Isto dispensa o custo do domínio porque, tecnicamente, uma vez que se possui um nome de domínio, é possível adicionar o subdomínio que se quiser.

Registar um domínio. Primeiro, é necessário registar um domínio num fornecedor de serviços de registo de domínios. Godaddy.com é um dos registadores de domínios mais populares. Em primeiro lugar, tem de procurar o seu nome de domínio preferido (ex: mycompany.com) para verificar a disponibilidade do domínio. Em segundo lugar, assim que o domínio estiver disponível, é altura de se congratular, mas certifique-se de que paga o domínio para que mais ninguém o possa adquirir.

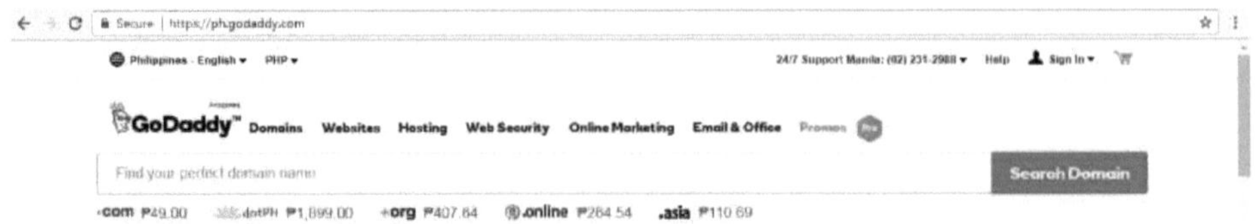

Captura de ecrã do sítio Web Godaddy.com

Pagamento de um domínio. A maioria dos registadores de domínios prefere o pagamento com VISA/Mastercard, se tiver um cartão de crédito, então está pronto para o fazer.

Alojamento

O alojamento mantém os seus ficheiros online. É bom que o Wordpress tenha sugerido uma empresa de alojamento que possa satisfazer os requisitos do seu sítio Web. Para que o WordPress funcione em pleno, a plataforma recomenda que o seu alojamento suporte PHP versão 7 ou superior, MySQL versão 5.6 ou superior OU MariaDB versão 10.0 ou superior. Wordpress. org recomenda Bluehost, Dreamhost e Siteground.

Custo de um sítio Web

Ter um domínio é como ter a sua própria casa na Internet. Antes de carregar os ficheiros e as informações do seu sítio Web, é preciso ter em conta o seu custo.

Em primeiro lugar, é necessário selecionar um nome de domínio. O nome de domínio mais popular é o de extensão .COM, que custa cerca de R$ 10,00 por ano e é renovável a cada expiração. Em segundo lugar é necessário comprar um alojamento para o seu site, um único domínio pode custar R$ 108,00 por ano ou R$ 9 por mês com o pacote de Espaço em disco ilimitado e

Largura de banda. O alojamento é constituído por servidores Web que tratam dos seus ficheiros Web, sendo estes servidores dedicados online, o que é como um espaço em disco online.

Para concluir, um único site completo pode custar cerca de US $ 118 por ano, o que exclui o conteúdo de um site. Se for um webmaster, pode poupar dinheiro na criação de ficheiros de conteúdo de um site, mas se quiser contratar um design personalizado sem utilizar um CMS, pode investir cerca de 300 a 500 dólares por um design personalizado e uma taxa de serviços de carregamento de conteúdos.

Para poupar custos de alojamento, é possível ter vários sítios Web com um único plano de alojamento por cerca de 120 dólares por ano. Note-se que os preços são o montante máximo para o custo de construção de um sítio Web, mas é necessário ter em conta a fiabilidade e a especificação do servidor se o fornecedor estiver a oferecer um preço muito baixo.

A partilha de alojamento é aceitável? É claro que a partilha é feita por sua conta e risco, não há problema, mas depende sempre, deve alojar um sítio Web de um parceiro de confiança. Certifique-se de que não violam as regras e os regulamentos, tais como o carregamento de conteúdos inadequados, o alojamento de ficheiros não pertencentes à Web e o abuso dos serviços de alojamento. Se não gosta de ser partilhado com o risco de violação, deve pedir ao partilhador para ter um novo alojamento ou comprar a um revendedor barato.

O conteúdo correto

Outro requisito obrigatório para um sítio Web é o conteúdo. Construir o conteúdo de um sítio Web é uma história diferente. Um sítio Web sem conteúdo é como uma casa sem materiais, não pode ser habitada. Um sítio Web que não é atualizado é como uma pessoa que fala a mesma palavra repetidamente.

A página inicial

A página inicial é a vista de frente do sítio Web, é uma página de boas-vindas para um sítio Web. É como um resumo de uma investigação em que convida os visitantes a navegar no seu sítio Web.

A página Sobre nós

A página sobre nós fornece informações básicas sobre a sua empresa. A página pode incluir a história, a visão e a declaração de missão da organização.

Notícias

Não há razão para voltarmos a um sítio Web se o conteúdo não estiver atualizado. A atualização dos seus clientes é importante para melhorar a visita do seu sítio Web

Informações de contacto

As informações de contacto são vitais para o seu cliente entrar em contacto consigo. Estas informações incluem o seu endereço de correio eletrónico personalizado e o seu número de telefone.

Dicas de promoção do site

A promoção de um sítio Web é uma das partes mais difíceis de fazer. É preciso dedicar tempo e esforço para promover um sítio Web. Promover um conteúdo web é o mesmo que comercializar um produto. Quando se dá a conhecer às pessoas o seu produto ou o seu nome.

Eis algumas das dicas que podem ajudá-lo a promover e a obter mais visitantes para o seu sítio Web.

1. Em primeiro lugar, o seu sítio Web deve ter um conteúdo original e de qualidade que os motores de busca e os leitores gostem de procurar.
2. Crie links para outro site, o Link Building ajudará muito para uma melhor classificação. Ser amigo de muitos donos de sites para que eles façam links para você.
3. O seu sítio Web deve ser visível para os motores de pesquisa como o Google.
4. Junte-se a fóruns e redes sociais como o Facebook.com e deixe um link para o seu site, até o Digg.com pode fazer isso.
5. Utilize sempre um sítio de língua internacional que seja inglês, para que um motor de busca leia mais etiquetas e palavras-chave do seu sítio.
6. Actualize sempre o conteúdo do seu sítio Web. Esta é uma razão para as pessoas voltarem ao seu sítio. Se o conteúdo do seu sítio Web não sofrer qualquer alteração, não há razão para voltar a visitá-lo.
7. Nunca copie conteúdo de outro sítio Web, como o Copy-Paste, pois isso levá-lo-á a sítios Web bloqueados nos motores de busca.
8. Inclua boas etiquetas META para o seu sítio Web.
9. Pedir aos visitantes para o marcarem, muito melhor se subscreverem um RSS.
10. Por último, aprenda e estude muito sobre como obter mais tráfego para o seu sítio Web.

Obter adiantamento

Os programadores Web são, na realidade, um tipo de programadores de software (sim, são um só) nas aplicações da World Wide Web. Tudo o que vê online é feito por programadores Web, à exceção de suplementos como animações (criadas por programadores de multimédia) e artigos (pelos quais um especialista em literatura será o responsável). Tudo o que um servidor Web para um navegador Web lê pode vir de um programador Web. Normalmente, há um gestor de projectos nas aplicações de desenvolvimento Web. A maioria dos programadores Web tem diferentes competências, como o HTML mais básico (que todos os programadores Web devem conhecer), JavaScript, CSS e outros scripts de conceção básicos.) Também é necessário que os programadores intermédios dominem as técnicas Perl, Python, Ruby, PHP-SQL, Java, ASP.NET, .NET MVC. A Web também não funciona sem um criador de conteúdos, um autor, um escritor e um consultor de marketing, que não são propriamente programadores Web. Tudo o que está em itálico é o que um programador Web tem de aprender.

Se tenciona tornar-se um programador Web (para além de optar pelo BSIT e escolher o curso de Desenvolvimento de Aplicações Web), deve concentrar-se em temas relacionados com a Web. Pode começar por estudar HTML, que é a base de tudo, e depois deve aprender CSS. Outro aspeto importante, e devo dizer que é mesmo necessário, é ter conhecimentos de criatividade (por exemplo, Photoshop e animação). Uma boa coisa para começar é comprar um domínio e explorar os diferentes CMS disponíveis no seu Cpanel e fazer pequenas edições nos ficheiros PHP. E pronto, já és um Programador Web Júnior.

Capítulo 2

Metodologia para uma proposta de sítio Web, um documento de investigação

Um sítio Web institucional e as páginas das redes sociais são as principais fontes de informação da universidade. Os endereços de correio eletrónico oficiais são mais fiáveis do que as mensagens enviadas através de endereços pessoais. Esta é uma investigação de desenvolvimento que visa reconstruir a presença em linha da Universidade Estatal de Pangasinan através da renovação do sítio Web, da criação de páginas nas redes sociais, da criação de um domínio de gestão de correio eletrónico e do conteúdo inicial. Este estudo procurou responder às seguintes questões específicas, que são Que processos estão envolvidos na reconstrução da presença em linha da universidade? Quais são os recursos necessários para manter a presença em linha do sítio Web e da página nas redes sociais da universidade? Esta investigação de desenvolvimento tem como objetivo fornecer um sítio Web da PSU restabelecido e de qualidade.

Introdução

O sítio Web da Universidade Estatal de Pangasinan foi registado pela primeira vez no registador de domínios Philippine Network Foundation, Inc. (PHNET) por volta de 2002, com base nos primeiros arquivos do sítio Web. Desde então, é a principal fonte de informação sobre a PSU. O desenvolvimento de um sítio Web pode ser fácil para os programadores Web, mas a manutenção de um sítio Web é um desafio. Esta investigação de desenvolvimento tem como objetivo reconstruir e aumentar a classificação na Web do sítio Web da universidade psu.edu.ph. Assim, este estudo fornece três informações básicas de uma proposta, uma declaração do problema, uma solução proposta e, necessariamente, a informação sobre preços.

Antecedentes do estudo

Um dos principais problemas de um sítio Web é a sua manutenção e a forma de o melhorar continuamente. Devido à rotatividade da designação e à ausência de um administrador Web designado, o sítio psu.edu.ph esteve inativo durante algum tempo e os funcionários utilizam endereços de correio eletrónico fora do domínio. Outro problema que o gabinete de informação enfrenta em linha é o grande número de páginas nas redes sociais geridas por anónimos que não são geridas pelos administradores. Há também páginas que fornecem informações incorrectas sobre a instituição. O alojamento do sítio Web atual é muito dispendioso, uma vez que a instituição está inscrita num servidor colocado, cujos recursos não são totalmente utilizados.

Objectivos da investigação

Esta investigação tem três objectivos: em primeiro lugar, reconstruir o sítio Web da universidade e criar ou acreditar páginas nas redes sociais. Em segundo lugar, estabelecer a administração do correio eletrónico do domínio e, por último, propor o conteúdo e a estrutura do sítio Web e identificar os recursos necessários para uma melhoria contínua.

Este estudo procurou responder às seguintes questões específicas, a saber Que processos estão envolvidos na reconstrução do sítio Web da universidade? Qual é o processo de criação da gestão de correio eletrónico? Quais as caraterísticas a incluir e os recursos para manter a presença em linha do sítio Web e da página nas redes sociais da universidade.

Âmbito de aplicação e delimitação

O estudo limita-se apenas a uma instituição, a Universidade Estatal de Pangasinan, situada em Poblacion, Lingayen, Pangasinan. O estudo centrou-se num sítio Web institucional e não num sítio Web comercial. O processamento do pagamento não é abrangido por este estudo.

Importância deste estudo

Atualmente (junho de 2016), a classificação atual do sítio psu.edu.ph é de 8.423.657 em todo o mundo. Atualmente, encontra-se na posição 6th em todo o SUC na região. Para além de melhorar a classificação na Web, o sítio Web institucional funciona como a principal fonte de informação. Se a sua escola tiver o seu próprio sítio Web eficaz, terá uma brochura em linha instantânea. Assim, este estudo ajudará o administrador Web designado da instituição a manter e a concentrar-se no desenvolvimento do sítio Web. Para o futuro investigador, este estudo servirá de guia e de base se houver um desenvolvimento.

Literatura relacionada

São várias as propostas realizadas na construção de um site. O conteúdo varia consoante as necessidades de cada instituição, empresa ou organização. De acordo com o livro, os sítios Web das redes de comunicação sem fios cognitivas parecem ter uma influência significativa nas vendas e na imagem da empresa e espera-se que contribuam para a satisfação geral do cliente. Uma vez que um dos objectivos da nova administração da PSU é a satisfação geral do cliente, a reconstrução do sítio Web contribuirá para esse objetivo. A forma mais fácil de ser fiável para o cliente é manter uma imagem fácil e simples no sítio Web da empresa, que crie uma experiência Web positiva para o cliente.Atualmente, é muito improvável que uma empresa não tenha uma presença em linha. Um artigo discutia a importância de ter um sítio Web. Uma importância que o investigador salientou foi o facto de um sítio Web proporcionar uma forma mais fácil de lidar com o serviço ao cliente. Isto é verdade porque um sítio Web em linha está disponível 24 horas por dia, 7 dias por semana, e as informações estão disponíveis quando a rede está em linha.

Metodologias

Esta investigação tem três objectivos: em primeiro lugar, reconstruir o sítio Web da universidade e acreditar as páginas das redes sociais. O segundo é estabelecer a administração do correio eletrónico do domínio e, por último, o conteúdo e a estrutura propostos para o sítio Web e identificar os recursos necessários para uma melhoria contínua.

Desenvolvimento Web e redes sociais

O sítio Web atual foi concebido com base no DNN (DotNetNuke), que funciona num servidor Windows com endereço IP estático num servidor collocated. Um servidor collocated é a prática de alojar servidores privados e equipamento de rede num centro de dados de terceiros. No caso do sítio Web da Universidade Estatal de Pangasinan, um servidor colocado que custa cerca de 200 dólares pode não ser necessário para um sítio Web de informação, sendo suficiente um alojamento na nuvem para as necessidades do sítio Web.

No primeiro objetivo, o investigador escolherá o CMS (Sistema de Gestão de Conteúdos) WordPress para reconstruir o sítio Web. Adoptará a metodologia dos 5 passos para um

Design WordPress. A primeira é a seleção do alojamento e do domínio, a segunda é a seleção do tema, a terceira são os requisitos e o conteúdo do sítio e, por último, o processo de desenvolvimento. No que respeita ao processo de desenvolvimento, o investigador escolherá a metodologia em cascata.

Figura 1Metodologia da cascata

Outro objetivo deste estudo é criar uma página acreditada nas redes sociais para toda a universidade, o que inclui 9 outros campi e 3 outras componentes. Para atingir este objetivo, o proponente solicitará uma reunião dirigida aos coordenadores do MIS do campus e descobrirá a situação atual das páginas das redes sociais. Aqueles que já têm uma página nas redes sociais serão mantidos, enquanto aqueles que não têm páginas nas redes sociais criarão uma página oficial.

Configuração de correio

Ao investir, é sensato minimizar o custo, mas maximizar o lucro. Este é o principal objetivo deste estudo. Em vez de adquirir um serviço de alojamento de correio eletrónico. O proponente selecionou o Google Apps for Education como ferramenta para a criação de serviços de correio eletrónico para a instituição. Como requisito, a Google permite que os domínios com .edu alojem serviços gratuitamente.

Administração de conteúdos

O conteúdo inicial do sítio Web será recolhido do PRPIO (Gabinete de Relações Públicas e Informação Pública). O gabinete PRPIO é um braço de publicação da Universidade Estatal de Pangasinan. Para adquirir as caraterísticas do sítio Web da universidade, as informações recolhidas do PRPIO serão classificadas manualmente. As duas principais classificações serão as informações relacionadas com a página principal e as informações não relacionadas com a página principal. Outro método consiste em aceder aos arquivos Web do sítio Web da Universidade Estatal de Pangasinan para aferir o conteúdo.

Capítulo 3

Resultados para o sítio Web proposto

Resultados e aplicação

A discussão do resultado baseou-se na proposta implementada de serviços Web e páginas de redes sociais para a Universidade Estatal de Pangasinan.

Desenvolvimento de sítios Web

Uma vez que o domínio está prestes a expirar, o investigador contactou o diretor do PRPIO e o domínio foi renovado. Com base na política, um domínio expirado pode ser adquirido por outra parte. Depois de o domínio ter sido renovado com êxito, o investigador propõe que o atual servidor de colocação seja transferido para um alojamento em nuvem. Foi solicitada uma proposta ao Zoom.ph para satisfazer as necessidades de alojamento da instituição.

WEB HOSTING SERVICES (Business Cloud)		
Cloud BIZ	• 25 GB Web Disk Space • Unlimited Bandwidth • 1025 MB RAM • 10% CPU • Unlimited Email Accounts • Unlimited SQL Database • Unlimited Sub Domain • Unlimited FTP Accounts • Unlimited Addon Domains • Five Hundred (500) Hourly Email • cPanel • Web Mail • File Manager • Email Forwarders	**PHP 500.00 / Month OR PHP 5,700.00 / Year (discounted price)**

Figura 2 Plano de alojamento proposto

O DNS foi alterado para um novo endereço IP 216.12.221.37 e 216.12.221.36. Enquanto se aguarda a propagação completa do DNS, o proponente instala o CMS Wordpress no cPanel do alojamento com a ferramenta Softaculous, que está integrada no alojamento. Por fim, o EduTheme foi adquirido para ser o tema selecionado do Wordpress. Um layout totalmente responsivo que se adapta perfeitamente a todas as resoluções de dispositivos como telemóveis, tablets e computadores de secretária.

Outra questão a resolver é a das páginas das redes sociais não acreditadas e autorizadas. Para identificar as páginas oficiais de cada campus. O proponente propôs reunir todos os coordenadores de MIS de todos os campi. Cada campus apresenta a sua página existente nas redes sociais, enquanto outros criam uma nova página. Todas as ligações foram colocadas no sítio web da universidade como uma identificação para ser a página oficial.

Configuração do correio

O proponente candidata-se a uma conta Google Apps for Education com o domínio psu.edu.ph. O Google Apps for Education fornece gratuitamente as funcionalidades do Google Apps for Business a instituições de ensino básico e superior sem fins lucrativos nos EUA e noutros países. A candidatura foi aprovada. Para configurar a gestão do correio eletrónico de psu.edu.ph, o proponente verificou o domínio na consola de administração e alterou o registo MX no cPanel do fornecedor de alojamento.

NomeZHosVAlias	Tempo de vida (TTL*)	Tipo de registo	Prioridade	ValorZArespostaZDestino
Em branco ou @	3600	MX	1	ASPM×.L.G00G LE.COM
Em branco ou @	36∞	MX	5	ALT1 .ASPMX.L.G00GLE.COM
Em branco ou @	3600	MX	5	ALT2.ASPMX.L.GOOGLE.COM
Em branco ou @	36∞	MX	10	ALT3.ASPM×.L.GOOGLE.COM
Em branco ou @	3600	MX	10	ALT4.ASPMX.L.GOOGLE.COM

Figura 3MX Valores de registo para as Google Apps

O proponente recolhe a lista de funcionários da Universidade junto do DRH e acaba por criar contas de correio eletrónico. A senha temporária foi distribuída individualmente para iniciar o funcionamento do endereço de correio eletrónico oficial.

Conteúdo inicial do sítio Web

Um sítio Web não será um sítio Web sem um conteúdo. Com base na avaliação comparativa do sítio Web anterior e de outros sítios Web do SUC. O sítio apresenta uma página inicial com "Quem somos", "Administração", "Últimas notícias", "Serviços aos estudantes" e "Serviços Web". Os conteúdos são recolhidos do Boletim de Informação da instituição publicado pela PRPIO.

Figura 4 Menu superior do sítio Web proposto

O carregamento de informações para o sítio Web recentemente renovado não necessita de conhecimentos de programação. O CMS Wordpress permite o carregamento fácil de multimédia, bastando arrastar e largar. A plataforma CMS facilita o trabalho de um programador Web. Em vez de se concentrar no desenvolvimento, o proponente concentra-se na recolha de conteúdos e informações a carregar no sítio Web da Universidade.

Conclusão e recomendação

A universidade poupa quase 95 por cento do custo de cerca de 200 dólares mensais de alojamento para 10 dólares. A classificação Alexa registou um aumento de 1 milhão após um mês de funcionamento. Isto proporciona um número de visitas devido ao aumento do número de conteúdos. O endereço de correio eletrónico do domínio @psu.edu.ph é agora ativamente utilizado pelos funcionários da universidade para comunicação.

Recomenda-se a realização de uma auditoria à classificação do sítio Web após 6 meses. Deve ser efectuado um estudo futuro para conhecer a classificação do sítio Web recentemente renovado da Universidade Estatal de Pangasinan. Recomenda-se a instalação da ferramenta Google Analytics no cabeçalho da página inicial para monitorizar os visitantes do sítio Web para referência futura. Além disso, deve ser efectuada a otimização do sítio Web no motor de busca.

Capítulo 4

Metodologia para a comparação da classificação na Web

O sítio Web de informação da Universidade Estatal de Pangasinan (psu.edu.ph) foi redesenhado em agosto de 2016. Desde então, o sítio Web é a principal fonte de informação online da instituição. No passado mês de junho de 2016, a classificação do sítio Web da PSU na região 1, em comparação com outras SUC, ocupava o 6.º lugar, com uma classificação global de cerca de 9 milhões. Assim, este estudo foi realizado com o objetivo de conhecer a satisfação e a classificação do desempenho do sítio Web institucional da Universidade Estatal de Pangasinan para o ano letivo de 2016-2017, após a sua reformulação. Para a primeira parte do estudo, utiliza o inquérito como principal meio de recolha de informações dos visitantes em linha, o investigador utiliza um formulário em linha para recolher os dados. Utiliza folhas integradas com análise pivot para testar e o software analítico de ciência de dados RapidMiner para gerar a apresentação gráfica. Na segunda parte do estudo, foram utilizadas ferramentas de análise da Web para visualizar o desempenho do sítio Web. O investigador extraiu sessões de agosto de 2016 a abril de 2017 para identificar a demografia dos visitantes a partir dos dados históricos. O investigador também comparou outras classificações de sítios Web do SUC recolhidas a partir de dados históricos dos últimos 3 meses. Espera-se que o resultado deste estudo seja bom, mas não existe um sítio Web perfeito que possa satisfazer tudo o que um visitante precisa. Neste estudo, identificam-se as necessidades de melhoria e a importância da manutenção, como o feedback contínuo dos clientes para uma melhoria contínua. Recomenda-se que este estudo seja contínuo e que inclua o desempenho das redes sociais num estudo futuro. Esta investigação enquadra-se nas áreas de investigação prioritárias NHERA-2 em Educação e Gestão da Educação.

Introdução

Uma das prioridades da agenda de investigação da NHERA-2, no âmbito da Gestão da Educação, é o estudo do desenvolvimento institucional, da qualidade e das normas no contexto das classificações internacionais e da avaliação comparativa global (Comissão do Ensino Superior, 2009) e do sistema de garantia da qualidade. Assim, este estudo foi realizado para apoiar o desenvolvimento da investigação em curso no país.

Antecedentes do estudo

O domínio psu.edu.ph da Universidade Estatal de Pangasinan foi registado no registador de domínios Philippine Network Foundation, Inc. (PHNET) por volta de 2002 (Web Archives, 2002). Desde então, o sítio Web é a principal fonte de informação em linha da instituição. Anteriormente, o sítio Web institucional era atualizado regularmente para satisfazer as necessidades de informação dos futuros estudantes da universidade. Construir um sítio Web pode ser mais fácil para os programadores Web, mas manter um sítio Web, especialmente um sítio Web empresarial, é um grande desafio. Um sítio Web atualizado é importante para os clientes, e até os profissionais de marketing estão a responder com o desenvolvimento de sítios Web interactivos, com os quais podem promover produtos e serviços, bem como efetuar vendas. (Belch & Belch, 2007). De facto, a maioria das organizações pode adotar estratégias de marketing e publicidade na Internet para produzir um crescimento rentável das vendas e construir uma reputação de marca (Wisegeek, 2003), enquanto para a PSU, o marketing pode não ser aplicável, mas a construção de uma reputação é importante.

Em julho de 2016, a classificação do sítio Web da PSU na região 1 era de 6 entre 6 SUC, com uma classificação global de cerca de 9 milhões. Este estudo irá analisar se já existe uma melhoria na classificação na região e na classificação global. A partir de abril de 2017, cerca de 81,8% do total de visitantes do psu.edu.ph são das Filipinas (Alexa, 2017). A PSU é a primeira na região 1 em termos de número de matrículas, o que desafia a unidade de administração da Web a satisfazer as necessidades de informação dos estudantes e dos potenciais estudantes.

Objetivo da investigação

O primeiro objetivo desta investigação é determinar o índice de satisfação do sítio Web da Universidade Estatal de Pangasinan, convidando os leitores a participar no inquérito e obtendo as seguintes informações: (1) Perfil dos inquiridos (2) Índice de desempenho dos visitantes e (3) Índice de satisfação dos visitantes.

O segundo objetivo desta investigação é determinar o desempenho do sítio Web da Universidade Estatal de Pangasinan e fornecerá as seguintes informações: (1) Perfil dos visitantes (2) Classificação do desempenho a partir de análises (3) Comparação do desempenho com outros SUC na Região 1.

Âmbito de aplicação e limitações

O inquérito foi realizado a partir de 10 de abril de 2017, até à data recente, os resultados actuais serão incluídos neste estudo. As métricas deste estudo estão limitadas apenas ao SY 2017 - 2018 (agosto de 2016 a maio de 2017). As sessões para análise e dados são dos 3 meses anteriores (janeiro de 2017 - março de 2017) para serem usadas como comparação com outro site da SUC.

Importância do estudo

Este estudo foi realizado para conhecer a satisfação e a classificação do desempenho do sítio Web institucional da Universidade Estatal de Pangasinan. O seu objetivo é identificar os pontos fortes, os pontos fracos e outras necessidades de melhoria a partir da perceção dos visitantes e das métricas. Neste estudo, identificam-se as necessidades de melhoria e a importância da análise e do feedback dos clientes para a melhoria contínua. Isto também incentivará o próximo Administrador Web da Universidade a realizar um estudo futuro e a manter uma boa reputação do sítio Web da nossa universidade.

Revisão de estudos relacionados

Um dos estudos realizados é o relatório do sítio Web do Conselho do Condado de Lancashire. No estudo, Knuckey convidou todos os 295 a participarem no inquérito e chegou a várias conclusões. Com base nas conclusões, dois em cada cinco inquiridos já tinham visitado o sítio Web do Conselho do Condado de Lancashire. Os utilizadores anteriores tinham mais probabilidades de ter utilizado o sítio para se informarem. Um dos resultados interessantes que o investigador encontrou foi o facto de três quartos dos inquiridos dizerem que recomendariam o sítio a um amigo (77%), o que também era esperado nesta investigação realizada na PSU. Com base nos resultados apresentados, ainda há uma recomendação de que é necessário atualizar o aspeto do sítio Web, tornando-o mais limpo e com um maior impacto visual, utilizando mais cores e gráficos, se possível. Knuckey também sugere que se renove a pesquisa em dois anos ou após as melhorias, para ver se foram bem-sucedidas (Knuckey, 2006).

Metodologia

Este estudo divide-se em dois objectivos: o primeiro objetivo consiste em determinar o índice de satisfação convidando os leitores a participar no inquérito, enquanto o segundo objetivo consiste em determinar o desempenho do sítio Web através da análise de ferramentas da Web.

Aquisição de dados

Para a metodologia, o investigador realizou um inquérito descritivo, em vez de um questionário flutuante físico. O investigador cria um formulário em linha com a utilização do Google Forms (https://goo.gl/forms/em40Bi2nqKH7dAHn2). Também utiliza a escala de Likert de 1 a 5 para a maioria das perguntas.

Escala	Gama	Interpretação
5	4.21 - 5.00	Muito melhor
4	3.41 - 4.20	Melhor
3	2.61 - 3.40	Neutro
2	1.81 - 2.60	Pior
1	1.00 - 1.80	Muito pior

Embora existam cerca de 350 utilizadores registados nos utilizadores de correio do domínio, apenas cerca de 40 utilizadores utilizam ativamente o correio eletrónico. O investigador enviou 40 mensagens de correio eletrónico a todos os utilizadores activos dos endereços de correio eletrónico psu.edu.ph e, mais tarde, enviou também uma mensagem de correio eletrónico aos restantes utilizadores inactivos, para efeitos de investigação futura e resultados de um estudo semelhante.

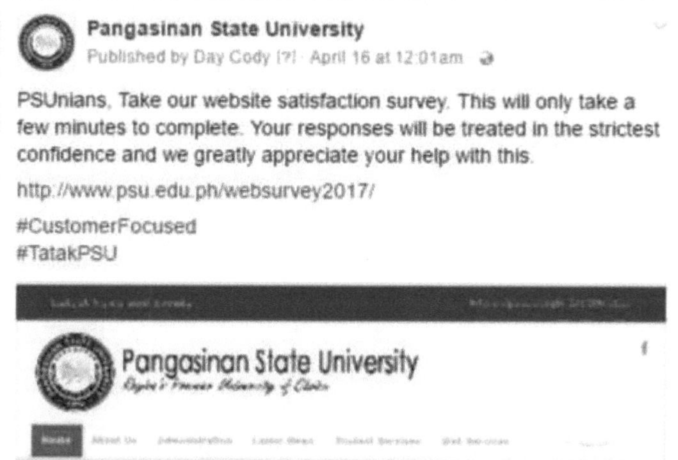

Figure 5 mostra a captura de ecrã do inquérito publicado nas redes sociais

Para encurtar o URL do formulário Google, este foi incorporado numa página do sítio Web (psu.edu.ph/websurvey2017). As redes sociais são também uma forma de divulgar o inquérito. O investigador publicou o inquérito em 12 páginas oficiais das redes sociais da Universidade Estatal de Pangasinan, que incluem a página das redes sociais da Universidade (fb.com/psuroars), as páginas oficiais do campus (ex: fb.com/psulingayen) e as páginas oficiais das componentes.

A fim de obter um relatório do sítio Web, em agosto de 2016, o administrador Web recentemente designado instalou um código Google Analytical com o ID de rastreio UA- 82841193-1 para gerar relatórios como o relatório Audience e monitorizar o desempenho do sítio Web para referência futura. Um dos relatórios importantes necessários é o relatório de Audiência, que fornece informações sobre os dados demográficos do público do sítio Web desde a data de instalação até ao presente.

O investigador também subscreveu o Alexa Insight Plan para aceder à classificação geral do desempenho SEO do sítio Web, a fim de determinar a presença do desempenho no motor de busca. Por último, para comparar o sítio Web com outros sítios Web do SUC na região, o

O investigador subscreveu o SimilarWeb Analytics para fornecer uma comparação analítica entre o outro sítio Web do SUC na região 1. Os dados da SimilarWeb estão disponíveis para os últimos 3 meses. A classificação é calculada utilizando a quantidade de visitantes únicos diários, visitantes recorrentes e outros factores. O resultado é que o sítio com o maior número de visualizações de páginas estará no topo. Os dados são recolhidos de um subconjunto de utilizadores da Internet que utilizam diferentes extensões do navegador do utilizador. Também está disponível um algoritmo para corrigir possíveis tentativas de manipulação e normaliza os dados com base na localização geográfica dos visitantes (WinningWP.com, 2016).

Processamento de dados

Os dados dos formulários Google serão exportados em formato CSV. Após a exportação, o CSV será importado para o RapidMiner Studio para gerar o gráfico. O RapidMiner é um software de ciência de dados para aprendizado de máquina, aprendizado profundo, mineração de texto e análise preditiva, é também um poderoso ambiente de design visual para construir rapidamente fluxos de trabalho analíticos preditivos completos (Rapidminer, 2017). Para o segundo objetivo da investigação, o investigador irá gerar relatórios a partir do Google Analytics, Alexa e SimilarWeb para produzir resultados. Os relatórios gerados também serão guardados em formato CSV para análise futura, enquanto a maioria dos relatórios será guardada tal como está, utilizando a ferramenta de recorte integrada do sistema operativo Microsoft Windows.

Capítulo 5

Resultados da comparação na Web

Classificação da satisfação com o sítio Web com base num inquérito

O primeiro resultado a apresentar é o índice de satisfação do sítio Web da Universidade Estatal de Pangasinan. O resultado baseia-se na participação de 53 participantes recolhidos através de formulários Google.

Perfil dos inquiridos

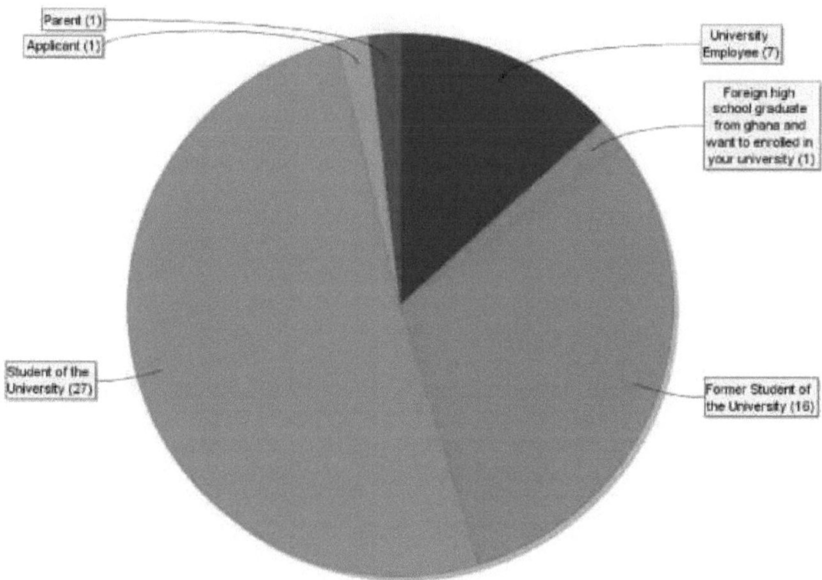

Figura 5 Perfil dos inquiridos

Isto mostra que 51% dos inquiridos são estudantes que participaram no inquérito, 30% são antigos estudantes, 13% são funcionários da universidade, enquanto outros são 4% e, por último, os pais representam apenas 2% da população total. Os dados revelam que os estudantes são os que mais participam no inquérito.

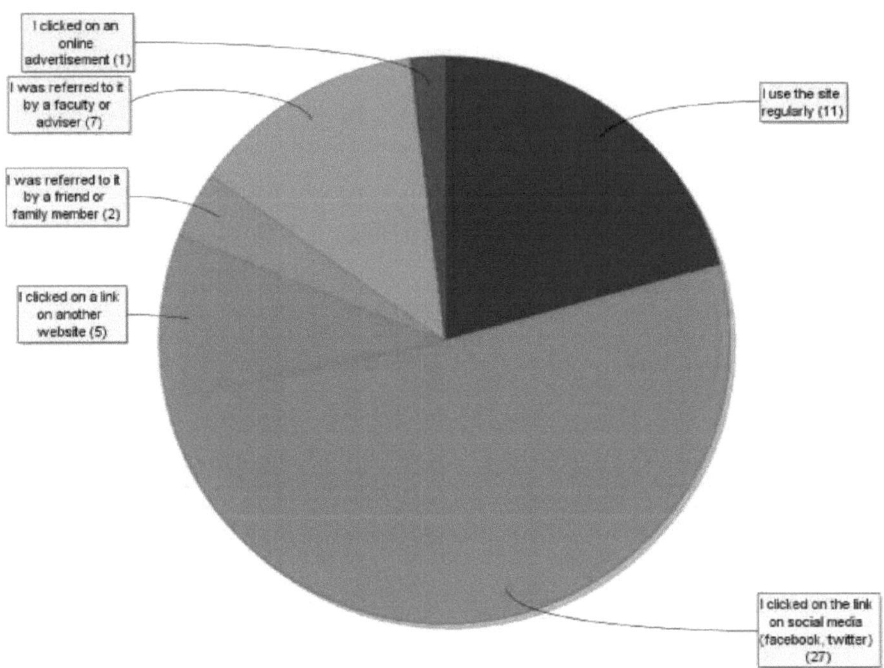

Figure 6 Fontes de ligação

Os campi com o maior número de inquiridos são o Campus de Lingayen, com 53,6%, seguido de Bayambang e Urdaneta, com 17,9% e 10,7%. Foi também perguntado aos inquiridos o que os levou a visitar o sítio. A maior parte dos inquiridos, 48,2%, clicou numa hiperligação de uma rede social, 23,2% visitou o sítio regularmente e 14,3% foi indicada por um conselheiro ou por um docente.

Classificação do desempenho segundo a perceção do visitante

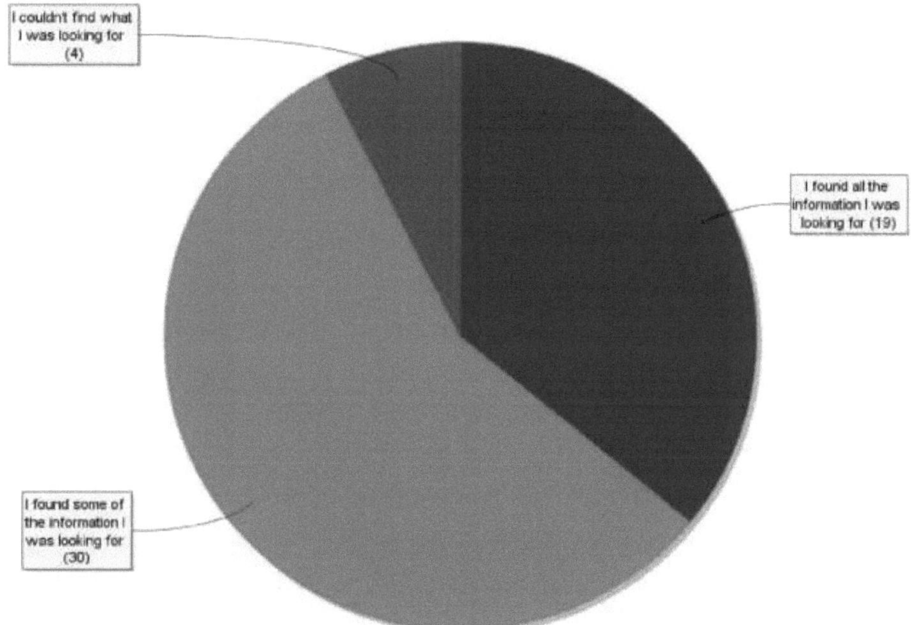

Figura 7 Perguntar ao visitante como foi a sua visita

Foi perguntado aos inquiridos como foi a sua visita ao sítio Web. 55,4% concordaram que encontraram alguma informação que procuravam. Em seguida, 37,5% encontraram todas as informações que procuravam. Apenas 7,2% não conseguiram encontrar a informação que procuravam e têm a opção de comentar a informação que procuram. Algumas respostas informativas que devem ser consideradas são: (1) "Adicionar um botão que permita regressar ao sítio Web principal da PSU quando se está no Portal do Estudante da PSU", (2) "Incluir uma lista dos antigos regentes do corpo docente e dos estudantes regentes. Também os antigos membros do conselho de administração". (3) "Por favor, adicione ligações a sítios Web governamentais".

Para medir o desempenho do sítio Web, perguntamos aos inquiridos qual é a sua perceção do desempenho do sítio. Relativamente à "facilidade de navegação", 41,7% responderam "Muito melhor ou 5", sendo a pontuação mais elevada, com uma média de 4,06. Relativamente à "satisfação das minhas necessidades", 39,5% responderam

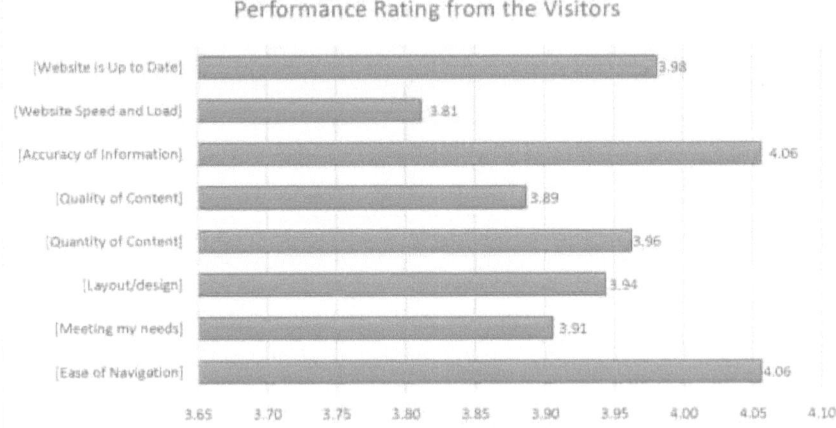

"Melhor ou 4", sendo a pontuação média mais elevada de 3,91. Relativamente à "apresentação/desenho", 41,9% responderam "Muito melhor ou 5", sendo a pontuação média mais elevada de 3,94. Relativamente à "quantidade de conteúdos", 34,9% responderam "Melhor ou 4", sendo a pontuação média mais elevada de 3,96. Relativamente à "qualidade do conteúdo", 34,49% responderam "Melhor", sendo a pontuação média mais elevada de 3,89. Relativamente à "exatidão das informações", 41,9% responderam "Muito melhor", sendo a pontuação média mais elevada de 4,06. Relativamente à "velocidade e carregamento do sítio Web", 37,2% responderam "Muito melhor", sendo a pontuação média mais elevada de 3,81. Para "o sítio Web está atualizado", 48,8% responderam "Muito melhor", sendo a pontuação média mais elevada de 3,98. A pontuação média global do desempenho do sítio Web com base na perceção do visitante é de 3,95.

Índice de satisfação

Com base no inquérito, 60,5% concordaram fortemente que recomendariam o sítio Web da universidade, com uma classificação média de 4,15. Por último, 45% dos inquiridos concordaram fortemente que estão satisfeitos com o sítio Web da universidade, com uma classificação média de 4,08.

Classificações de desempenho do sítio Web com base em análises

O segundo resultado a apresentar é a classificação do desempenho do sítio Web da Universidade Estatal de Pangasinan, obtida a partir do Google Analytics para os dados demográficos dos visitantes, do Alexa para a classificação geral do desempenho do sítio Web e do SimilarWeb para a comparação do desempenho com os outros SUC da Região 1.

Dados demográficos dos visitantes

O investigador selecionou o intervalo de datas de 20 de agosto de 2016 a 19 de abril de 2017 para este estudo. Os dados dos resultados a seguir são apresentados a partir de 27.248 sessões.

Figura 8 Número de sessões selecionadas para a análise de dados

Com base nos resultados do intervalo selecionado para análise de dados através do Google Analytics de 20 de agosto de 2016 a 19 de abril de 2017. Das 27 248 sessões activas do sítio Web da universidade. Há 19 684 utilizadores. Isto representa uma média de mais de 5 000 utilizadores activos que visitam o sítio Web todos os meses.

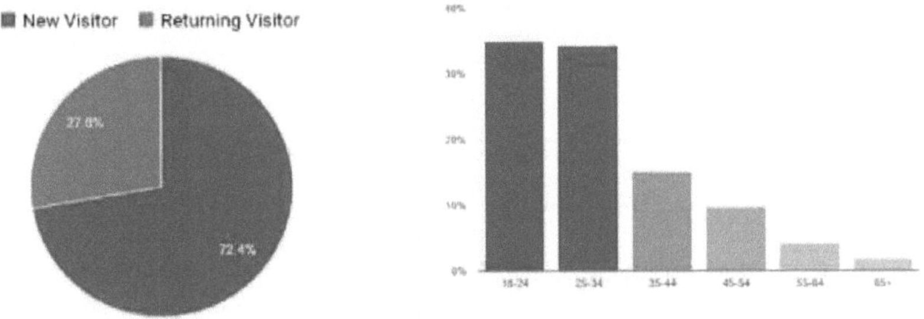

Figura 9 Percentagem de visitantes *Figura 10 Distribuição etária*

Com base na figura 7, 72,4% são novos visitantes, enquanto os restantes são visitantes que regressam ao sítio Web. Na figura 8, há mais visitantes com idades compreendidas entre os 18 e os 34 anos do que visitantes mais velhos, com idades superiores a 35 anos. Por último, na figura 9, os visitantes do sexo feminino são mais visitam frequentemente o sítio Web, com 57,3 por cento, enquanto os homens têm 42,7 por cento das visitas.

Country	Acquisition			Behavior		
	Sessions	% New Sessions	New Users	Bounce Rate	Pages / Session	Avg. Session Duration
	27,248 % of Total 100.00% (27,248)	72.37% Avg for View: 72.24% (0.18%)	19,719 % of Total 100.18% (19,684)	51.08% Avg for View: 51.08% (0.00%)	2.43 Avg for View: 2.43 (0.00%)	00:03:26 Avg for View: 00:03:26 (0.00%)
1. Philippines	23,335 (85.64%)	71.24%	16,625 (84.31%)	50.62%	2.46	00:03:35
2. United States	991 (3.64%)	87.99%	872 (4.42%)	65.19%	2.03	00:01:58
3. Singapore	261 (0.96%)	76.63%	200 (1.01%)	52.49%	2.29	00:02:44
4. Saudi Arabia	259 (0.95%)	85.33%	221 (1.12%)	44.79%	2.81	00:03:24
5. United Arab Emirates	203 (0.75%)	78.33%	159 (0.81%)	47.78%	2.24	00:02:08
6. India	194 (0.71%)	77.84%	151 (0.77%)	53.09%	2.31	00:02:49
7. Canada	182 (0.67%)	86.26%	157 (0.80%)	51.10%	2.73	00:02:52
8. Russia	165 (0.61%)	7.88%	13 (0.07%)	10.91%	1.90	00:05:15
9. Qatar	118 (0.43%)	82.20%	97 (0.49%)	56.78%	2.08	00:02:06
10. Japan	112 (0.41%)	81.25%	91 (0.46%)	55.36%	2.31	00:02:57

Figura 11 Distribuição por países

Como esperado, os visitantes das Filipinas, o país de localização da Universidade Estatal de Pangasinan, fornecem 85,64% do total de visitas. O gráfico mostra também a percentagem de novos utilizadores, que é de 84,31% para as Filipinas, com um tempo médio de permanência no sítio de 3 minutos e 35 segundos. Embora a Rússia forneça apenas 0,61% dos utilizadores activos, é surpreendente que tenham permanecido mais tempo no sítio Web, com um tempo médio de 5 minutos e 15 segundos.

Device Category	Acquisition			Behavior		
	Sessions	% New Sessions	New Users	Bounce Rate	Pages / Session	Avg. Session Duration
	27,248 % of Total: 100.00% (27,248)	72.37% Avg for View: 72.24% (0.18%)	19,719 % of Total: 100.18% (19,684)	51.08% Avg for View: 51.08% (0.00%)	2.43 Avg for View: 2.43 (0.00%)	00:03:26 Avg for View: 00:03:26 (0.00%)
1. desktop	16,850 (61.84%)	69.58%	11,725 (59.46%)	45.76%	2.66	00:04:07
2. mobile	9,257 (33.97%)	77.17%	7,144 (36.23%)	60.44%	2.01	00:02:14
3. tablet	1,141 (4.19%)	74.50%	850 (4.31%)	53.64%	2.40	00:03:16

Figure 12 Distribuição de dispositivos

A maioria dos visitantes utilizou o computador para aceder ao sítio Web, com uma percentagem total de 61,84%, enquanto o telemóvel e o tablet representam 33,97% e 4,19%, respetivamente. Os visitantes de computador permanecem mais tempo no sítio Web, seguidos dos utilizadores de tablet.

O número de visitantes do sítio Web da universidade está a aumentar de tempos a tempos. Com base nos dados recolhidos, janeiro e março de 2017 apresentam o número mais elevado de visitantes, com 4819 e 4637, respetivamente. Prevê-se igualmente que este número aumente com o passar do tempo.

Classificação de desempenho SEO

Com base no Resumo do relatório de 18 de abril de 2017, do Alexa, a classificação geral de SEO do site da PSU é 79/100. O relatório fornece uma análise personalizada e recomendações específicas para melhorar o SEO, a usabilidade e muito mais.

Figure 13 Resumo do relatório para 18 de abril de 2017 às 0:19 am UTC de Alexa

Uma classificação de desempenho de SEO não deve ser confundida com o desempenho de velocidade do sítio Web, pois mostra como o sítio Web tem um bom desempenho nas classificações dos motores de busca.

Comparação de desempenho

Os dados de origem são de janeiro de 2017 a março de 2017. A seguinte comparação de área de dados entre psu.edu.ph e outros 4 SUC, um dos 5 sites concorrentes foi removido devido à limitação de subscrição. Verifica-se que o sítio Web de um dos SUC é novo e não estão disponíveis dados históricos detalhados, e a classificação global atual do URL omitido é de 7.508.100 e não tem qualquer efeito na classificação do sítio Web do outro sítio Web do SUC.

Global Rank ⓘ Jan 2017 - Mar 2017, WorldWide		Country Rank ⓘ Jan 2017 - Mar 2017, Philippines	
psu.edu.ph	#3,038,189	psu.edu.ph	#31,942
mmsu.edu.ph	#1,049,984	mmsu.edu.ph	#9,894
dmmmsu.edu.ph	#3,435,910	dmmmsu.edu.ph	#37,490
unp.edu.ph	#4,422,755	unp.edu.ph	#47,265
nlpsc.edu.ph	#4,775,677	nlpsc.edu.ph	#51,900

Figure 14 Ranking de sites dos SUCs na Região 1

Com base na classificação global e na classificação por país, a PSU ficou em 2.º lugarnd do outro sítio Web do SUC na região 1. A MMSU ficou em primeiro lugar entre os 5 outros SUC na Região 1, enquanto o ISPSC está no 6th lugar com uma classificação global de cerca de 7 milhões.

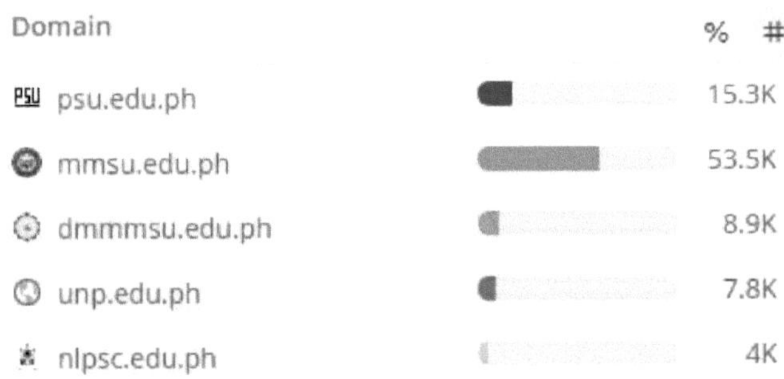

Figure 15 Número de visitantes de janeiro a março de 2017

Com base no número de visitas da PSU, a segunda posição é ocupada pornd em relação ao outro sítio Web do SUC, com um total de cerca de 15 300 visitas ou cerca de 5 100 visitas mensais ao sítio Web. A MMSU também ficou em primeiro lugar com cerca de 53.500 visitas ou quase 17.700 visitas mensais ao sítio Web.

Domain	Monthly Visits	Avg. Visit Duration	Pages/Visit
psu.edu.ph	5,112	00:03:12	2.92
mmsu.edu.ph	**17,838**	00:04:29	4.60
dmmmsu.edu.ph	< 5,000	**00:04:35**	3.22
unp.edu.ph	< 5,000	00:03:48	**4.93**
nlpsc.edu.ph	< 5,000	00:01:28	2.23

Figure 16 Comparação do empenhamento

Com base no envolvimento, a PSU ficou em 2.º lugar emnd em termos de número de visitantes, em 4.º lugar emth na duração média da visita e em 4.º lugar emth no número de páginas visitadas pelo utilizador. Espera-se que o tempo médio de visita e a página/visita sejam baixos devido ao novo conteúdo.

Um resultado atualizado deste estudo

Os dados de origem são de abril de 2017 a junho de 2017. Os dados seguintes são uma comparação entre psu.edu.ph e outros 4 SUC, um dos 5 sítios Web concorrentes foi removido devido a limitações de subscrição.

Global Rank Apr 2017 - Jun 2017, WorldWide		Country Rank Apr 2017 - Jun 2017, Philippines	
psu.edu.ph	#994,420	psu.edu.ph	#26,316
mmsu.edu.ph	#731,435	mmsu.edu.ph	#7,080
dmmmsu.edu.ph	#5,298,994	dmmmsu.edu.ph	#67,881
unp.edu.ph	#2,733,835	unp.edu.ph	#35,405
nlpsc.edu.ph	#6,977,688	nlpsc.edu.ph	#89,932

Figure 2: Ranking de sites dos SUCs na Região 1

Com base na classificação global e na classificação por país, a PSU continua a ocupar o 2º lugar[nd] em relação aos outros sítios Web do SUC na região 1. A MMSU ficou em primeiro lugar entre os 5 outros SUC da Região 1, enquanto o ISPSC está em 6th lugar com uma classificação global de cerca de 7 milhões.

Com base no número de visitas da PSU, a segunda posição é ocupada pelo site[nd] , com um total de cerca de 17.000 visitas mensais ao site, em comparação com as cerca de 5.000 visitas mensais do último trimestre. A MMSU continua em primeiro lugar com cerca de 19.000 visitas mensais ao sítio Web. O resultado fornece uma informação de previsão de que existe a possibilidade de o sítio Web da PSU ficar em primeiro lugar dentro de um ano.

Engagement

Apr 2017 - Jun 2017, WorldWide

Domain	Monthly Visits	Unique Visi...	Visits / Unique Visi...	Avg. Visit Duration	Pages/Visit	Bounce Rate
psu.edu.ph	17,886	5,795	**3.087**	00:02:27	1.68	33.94%
mmsu.edu.ph	**18,967**	**7,584**	2.501	**00:06:05**	**6.22**	38.77%
dmmmsu.edu.ph	< 5,000	< 5,000	2.265	00:01:50	2.04	46.31%
unp.edu.ph	< 5,000	< 5,000	2.668	00:03:30	6.10	**24.69%**
nlpsc.edu.ph	< 5,000	< 5,000	2.438	00:00:53	1.57	39.39%

Figure 3: Comparação do empenhamento

Com base no envolvimento, a PSU ficou em 2.º lugar emnd em termos de número de visitantes e em 1.º lugar emst em termos de número de visitantes únicos. Prevê-se ainda que o tempo médio de visita e a página/visita sejam baixos devido ao novo conteúdo.

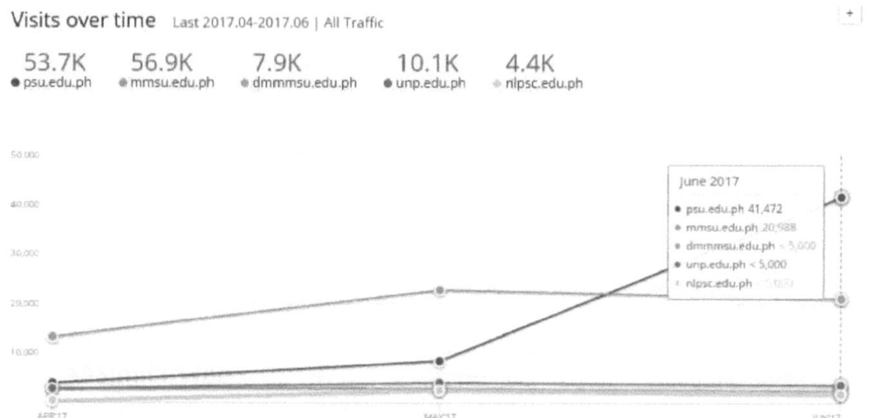

Foi apresentada uma proposta separada de utilização de subdomínios para aumentar o número de visitantes do sítio Web da Universidade Estatal de Pangasinan.

Conclusão e recomendação

O resultado deste estudo é impressionante. A equipa de Administração Web da Universidade tem muito orgulho em apresentar a melhoria do nosso sítio Web institucional, que passou do Top 6 na Região 1 para o Top 2 no presente (abril de 2017). Apesar do resultado, há necessidades de melhoria. Com base no inquérito, mais visitantes encontraram algumas (não todas) as informações que procuravam. A sugestão foi feita pelo pesquisador para maximizar o conteúdo do site, incluindo outros campi na contribuição de conteúdo.

Recomendação

O investigador sugeriu que a investigação fosse renovada todos os anos pelo próximo Administrador Web da Universidade, após a implementação de melhorias, para verificar se o sítio Web mantém uma boa classificação em termos de reputação.

reconhecimento

O investigador gostaria de agradecer aos seguintes. Em primeiro lugar, ao Presidente da Universidade, Dr. Dexter R. Buted, pela confiança depositada na gestão da nova face do sítio Web da Universidade. Michael John Manaoat, Auxiliar Administrativo 1, pela assistência prestada durante o início do desenvolvimento do sítio Web. Os estagiários da PSU Lingayen, nomeadamente Kurt Danlog, (responsável pelo WebMail) Genesis Arenas, (responsável técnico da Web) e Ferdinand Manaoat, (responsável pelo formato do conteúdo da Web), por algumas noites sem dormir e pela excelente assistência prestada ao desenvolvimento do sítio Web e à sua gestão, Nikki Soriano pelo conteúdo durante a fase crítica inicial. Dr. Philip Queroda, Diretor, External Linkages, pelas críticas e conselhos, Dr. Renato Salceco, Diretor, SHS PSU Lingayen, pela motivação para o meu estudo e para a realização da investigação. A Dra. Liza Quimson, Diretora do PRPIO, pela gestão da equipa do PRPIO com toda a equipa do PRPIO. Por último, a minha ex-namorada Caren Orlanda, por ter tomado conta do nosso pequeno Cody Ventayen enquanto escrevia este estudo.

Referência

[1] Arquivos da Web. (2002). Recuperado de web.archive.org/web/psu.edu.ph

[2] SmartSchools.ph. (2012, 26 de março). *Programa Smart Schools. Recuperado de Benefits of Having an Active School Website*: http://www.smartschools.ph/tools/smarttoolsarchive_copy1/internet_archive/12- 03-26/Benefits_of_Having_anActive_School_Website.aspx

[3] Hossain, Ekram, & Bhargava, V. K. (2007). *Cognitive wireless communication networks*. Springer Science & Business Media.

[4] Paraquedas. (2017). *Os 10 benefícios de ter um sítio Web*. Recuperado de Parachute: https://www.thisisparachute.com/2014/03/10/top-10-benefits-of- having-a-website/

[5] Interouth. (2017). *Interouth*. Recuperado de What is Colocation: http://www.interoute.com/what-is-colocation

[6] Ryan, R. (2017). *Processo de design do Wordpress*. Recuperado de Wordpress Developer: https://robertryan.ie/wordpress-design-process/

[7] Lean UX. (2017). *Lean UX vs Modelo em Cascata*. Recuperado de Prototype.IO: https://blog.prototypr.io/lean-ux-over-waterfall-development-model- 3157153893e9

[8] Fundação da Rede Filipina. (2016). *Consulta DNS*. Recuperado de PHNET: http://services.ph.net/dns/dnsquery.pl

[9] Bluehost. (2016). *Blue Hosting*. Recuperado de Blue Hosting: http://bluehost.com/

[10] Warptheme. (2016). *WarpThemes*. Recuperado de WT Education: https://warptheme.com/wordpress-themes/wt-education-free-education- wordpress-theme/

[11] Google. (2016). *Google Apps para a Educação*. Recuperado de Google Apps: https://support.google.com/a/answer/2856827?hl=en

[12] Comissão do Ensino Superior. (2009). *Agenda Nacional de Investigação do Ensino Superior - 2 (NHERA 2) 2009 - 2018*

[13] Arquivos da Web. (2002). Recuperado de web.archive.org/web/psu.edu.ph

[14] Belch, G., & Belch, A. M. (2007). *Advertising and Promotion: An Integrated Marketing Communications Perspective.*

[15] Wisegeek (2003). *Wisegeek.* Recuperado de http://www.wisegeek.com

[16] Alexa. (2017). *Ranking Alexa para psu.edu.ph.* Recuperado de http://www.alexa.com/siteinfo/psu.edu.ph#?sites=psu.edu.ph

[17] Knuckey, S. (2006). *Relatório sobre o sítio Web do Conselho do Condado de Lancashire.* Conselho do Condado de Lancashire

[18] WinningWP.com. (2016). Recuperado de https://winningwp.com/alexa-traffic-rank/

[19] Rapidminer. (2017). *Rapidminer Studio.* Recuperado de https://rapidminer.com

Printed by Books on Demand GmbH, Norderstedt / Germany